AF495318

ART
DE FABRIQUER
LA BRIQUE ET LA TUILE
EN HOLLANDE,
ET DE LES FAIRE CUIRE AVEC LA TOURBE,
Pour fervir de fuite à l'ART DU TUILIER ET DU BRIQUETIER.

Par M. JARS, *Correspondant de l'Académie.*

* Mrs DUHAMEL, FOURCROY & GALLON ont donné l'Art du Tuilier & du Briquetier avec des détails & des deffeins fi clairs & fi exacts, que nous n'aurons befoin que de les citer, pour faire entendre la plus grande partie de ce qui fe pratique en Hollande, & l'application que l'on a faite de la tourbe pour cuire la brique & la tuile.

La Hollande fait une très-grande confommation de tuiles, puifque toutes les maifons en font couvertes; cette confommation n'eft pourtant pas à comparer à celle des briques : car non-feulement les briques fervent à bâtir les maifons ; mais encore plufieurs routes en font pavées, ainfi que tous les trottoirs des rues & des canaux des Villes, Bourgs & Villages.

La confommation des briques s'étend encore plus loin; car il s'en exporte une grande quantité : nous avons vu, étant à Amfterdam, plufieurs Vaiffeaux deftinés pour Surinam, qu'on leftoit avec des briques à bâtir.

Les briques qui fervent à paver font beaucoup plus dures & plus compactes que celles avec lefquelles on éleve des édifices, bâtit des maifons, murs, &c. elles fervent auffi quelquefois à conftruire certains murs dans le Pays où elles font fabriquées. Nous parlerons d'abord de celles-ci.

---

* Tous les Académiciens qui ont travaillé à l'Hiftoire des Arts que publie l'Académie Royale des Sciences, ont averti qu'ils auroient une grande obligation aux perfonnes inftruites qui voudroient bien leur faire part de ce qu'ils trouveroient d'omis dans les Arts qu'ils auroient publiés; & à la fin de l'Art du Briquetier, j'ai dit que nous avions lieu d'efpérer qu'on nous donneroit quelques Mémoires fur la maniere de fabriquer les Briques en Hollande: c'eft M. Jars, Correfpondant de l'Académie qui nous met à portée de fatisfaire à cet engagement.

Briques à paver : avec quelle Terre elles se font.

Joignant le Village de *Moor* situé à une demi-lieue de la Ville de Gouda au-
trement dite *Tergow* sur la route de Rotterdam , on fabrique la plus grande
partie de cette espece de briques ; les Briqueteries sont au bord de la riviere
de l'*Issel* qui fournit la terre propre à les fabriquer ; cette terre n'est autre
chose qu'un limon que cette riviere dépose sur ses bords & dans son fond ;
plusieurs hommes sont occupés à aller chercher ce limon, ce qui se pratique
de la maniere suivante.

Chacun d'eux prend un bateau, avec lequel il côtoye cette riviere. L'ins-
trument dont il se sert est une longue perche de bois, au bout de laquelle il
y a un cercle de fer tranchant, & formé un peu en pointe du côté opposé
à celui où l'on a fixé la perche ; au-dessous du cercle pend un filet en forme
de poche ; c'est avec ce filet, à l'aide du cercle, qu'il ramasse au fond de la
riviere & le long de ses bords le limon qui s'y est déposé, & le met à mesure dans son bateau. Lorsqu'il en est suffisamment chargé, il l'amene & le
décharge sur le rivage où on le laisse jusqu'à ce qu'il ait pris assez de con-
sistance pour pouvoir être paîtri : d'autres Ouvriers sont employés à aller
également avec de grands bateaux le long des bords de la *Meuse* y ramasser
un sable fin & gris.

C'est avec un mélange de cette vase ou limon, & de ce sable, que se
font les briques. (On n'a pas sçu nous dire la proportion que l'on mettoit
de l'un & de l'autre.) On les paîtrit bien ensemble avec les pieds jusqu'à ce
que le mélange soit exact ; on fait ensuite différens tas de cette terre ainsi
préparée dans les endroits où l'on moule les briques.

On trouvera à la page 28 & suivantes de l'Art du Tuilier & du Briquetier
de l'Académie Royale des Sciences, le travail du Mouleur ou moulage de la
brique , & la façon de la faire sécher, décrits d'une maniere qui ne laisse
rien à desirer, & tel qu'il est pratiqué en Hollande.

Quant aux tuiles dont les maisons sont couvertes, & aux briques dont elles sont bâties, la plus grande quantité qui s'en consomme , se fabrique
dans les maisons de la Ville d'Utrecht ; on y emploie de la terre ordinaire à
briques que l'on tire dans le voisinage ; ces Briqueteries sont situées le long
des canaux pour la facilité du transport.

Maniere de faire cuire la Brique.

Les Fourneaux dont on fait usage pour cuire les briques sont de différentes grandeurs , mais à peu-près tous semblables ; il en est qui contiennent depuis trois cents jusqu'à onze & douze cents milliers.

Dimensions des
Briques à paver.

Les dimensions des briques qui servent à paver sont communément , étant
cuites, d'environ cinq pouces ½ de long , trois pouces ¼ de large, & un pou-

ce ½ d'épaiſſeur ; quant à celles qui ſont deſtinées pour la conſtruction des De celles à bâtir. maiſons , elles ont huit pouces ½ de longueur, quatre pouces une ou deux lignes de largeur, & un pouce ½ d'épaiſſeur.

Nous joignons au préſent Mémoire le deſſein d'un Fourneau de cette eſpece , où l'on en fait cuire 350 à 400 milliers à la fois.

Ce Fourneau eſt un quarré de 31 à 32 pieds de long ſur 26 à 27 pieds de Celle du Fourneau, & ſa conſtruction. large , renfermé par quatre murs de briques qui ont au moins ſix pieds d'épaiſſeur dans le bas, & vont un peu en talus extérieurement juſqu'à leur hauteur qui eſt environ de dix-huit pieds ; il en eſt auxquels on a ménagé auſſi un talus intérieurement, mais dans le ſens contraire ; nous avons exprimé dans la coupe *A B* , celui des murs de la largeur ; quant aux autres , le talus paroît n'y prendre naiſſance qu'à la moitié ou aux deux tiers de leur hauteur ; d'ailleurs cela varie dans preſque tous les Fourneaux ; il eſt évident qu'on a eu pour but de concentrer davantage la chaleur dans l'intérieur.

Les murs ſur la longueur de ces Fourneaux ſont percés au niveau du ſol , d'une quantité de trous proportionnés à leur grandeur : nous en avons vu qui en avoient juſqu'à dix & douze ; celui dont nous avons fait le deſſein n'eſt percé que de ſix , quoiqu'auſſi grand que d'autres qui le ſont de huit ; nous imaginons que cette différence vient des dimenſions des briques & de la grandeur des canaux ou foyers, qu'il eſt plus aiſé de pratiquer plus larges & plus hauts avec des grandes qu'avec des petites , comme on peut le voir dans la coupe *A B* ; ces trous ſont placés de façon qu'ils ſe correſpondent ainſi qu'on l'a exprimé dans le plan.

On a ménagé à un des murs ſur la largeur du Fourneau, une ouverture ou porte cintrée marquée dans le plan par la lettre *E* , & dans le profil ou coupe par *C* ; cette porte nous a paru avoir ſix pieds de largeur & douze pieds de hauteur ; elle ſert à introduire & à retirer les briques du Fourneau ; il en eſt qui ont des portes beaucoup moins hautes & bien moins larges , mais alors le mur oppoſé eſt de cinq à ſix pieds moins élevé que les autres ; dans ce cas , on accumule de la terre par derriere juſqu'à la hauteur de la recoupe , ce qui donne une grande aiſance pour achever de charger le Fourneau , & pour en retirer les briques lorſqu'elles ſont cuites.

L'intérieur de ces Fourneaux eſt entiérement pavé de briques arrangées de champ , de ſorte que le ſol en eſt fort uni ; les murs en ſont auſſi bâtis , mais liſſés avec un mortier de la même terre dont elles ſont faites , & avec lequel on a ſoin de les recrépir intérieurement, lorſqu'ils ſont dégradés par le feu ; malgré la force qu'ils ont , le grand effort de la chaleur leur occaſionne ſouvent des lézardes.

Tous les Fourneaux en général dont on ſe ſert pour cuire les briques de toutes eſpeces , n'ont point de couvertures. Il en eſt cependant pluſieurs de ceux à cuire celles à bâtir, qui ont des toits faits en planches & ſans tuiles pour les garantir du vent & de la pluie; on pourvoit aux autres contre le vent avec des nattes de jonc que l'on change fuivant le côté d'où il vient, lefquelles font foutenues par une efpece de baluftrade de bois fort légere qui regne tout autour dans la partie fupérieure du Fourneau ; ces nattes fervent auffi à mettre les briques féches à l'abri de la pluie pendant le temps qu'il faut pour charger le four ; alors elles font fupportées par des pieces de bois creufées qui en reçoivent les eaux pour les conduire hors du Fourneau.

On a appuyé une efpece de hangar de chaque côté du four contre les murs fur fa longueur, à l'effet d'y renfermer les tourbes, mettre à couvert le Chauffeur ou Cuifeur, & garantir les foyers du grand vent.

Lorfqu'on veut mettre cuire des briques dans un pareil Fourneau, (nous prenons pour exemple celui dont le deffein eft joint au préfent Mémoire ;) on fait fur le fol un rang de briques déja cuites ; (quelques Briquetiers en mettent deux ;) on les pofe de champ fur leur longueur à trois quarts de pouce de diftance les unes des autres, & de façon qu'elles déclinent un peu de la parallele des murs, afin qu'elles puiffent fupporter plus folidement les rangs fupérieurs qui fe placent toujours parallélement aux murs ; ce rang eft recouvert de vieilles nattes de jonc, fur lefquelles on arrange les briques feches qu'on pofe auffi de champ, mais fans laiffer aucun intervalle entre elles ; on nous a dit que ces nattes fervoient à empêcher l'humidité du terrein, de pénétrer aux briques pendant que l'on remplit le Fourneau, ce qui dure trois femaines & jufqu'à deux mois fuivant fa grandeur.

Comment on arrange les Briques dans le Fourneau.

Ce rang de briques cuites eft placé de façon qu'on laiffe un canal de communication entre les ouvertures correfpondantes des murs oppofés : voyez les lignes ponctuées du plan ; on continue enfuite de la même maniere fix rangs de briques, ce qui fait fept en tout depuis le fol ; alors pour le huitieme, on fait déborder les briques de deux pouces dans les canaux, on en fait autant pour le neuvieme ; & par le moyen du dixieme rang dont elles débordent de chaque côté de deux pouces ; on parvient à fermer totalement les canaux : on en peut voir la figure dans la coupe marquée par la lettre *E*.

Mais comme par l'arrangement des briques qui ferment par gradation les arches, il fe forme néceffairement des vuides, & qu'il ne feroit plus poffible, en fuivant l'ordre des premiers rangs qui doivent être perpendiculaires les uns aux autres, de les faire rencontrer ; on y remédie en plaçant, foit en angle droit, foit diagonalement & toujours de champ, fur chacune de celles qui débordent, tout autant de briques qu'il en faut pour les égalifer, ce qui eft pratiqué également toutes les fois qu'il eft néceffaire de les redreffer pour les maintenir paralleles aux foyers, & perpendiculaires au fol du fourneau ; on les redreffe auffi avec des pailles de jonc pour conferver chaque rang de niveau. Quant aux briques qui joignent les murs, on les y arrange

de

de façon qu'elles se croisent alternativement en angle droit. Nous observe-
rons que lorsqu'on met les briques dans le Fourneau, on étend une longue
toile sur celles qui sont déja rangées, c'est-à-dire, sous les pieds des Ouvriers qui les placent : c'est afin de retenir le sable qui se détache des briques
à mesure qu'ils les reçoivent, & l'empêcher de tomber entre les rangs infé-
rieurs ; il en résulteroit un grand inconvénient, celui de boucher l'intervalle qui naturellement reste entre chaque brique ; d'interrompre par-là le pas-
sage de la flamme, & par conséquent donner une chaleur très-inégale dans
les différentes parties du Fourneau.

On acheve de le remplir de la même maniere jusqu'à la ligne ponctuée
F G de la coupe (*Planche X*) ; il y en a alors quarante-cinq rangs, en y com-
prenant deux de celles qui sont déja cuites que l'on met par-dessus, dont
un de champ comme les autres, & le supérieur à plat sur leur lit : nous
avons vu de ces Fourneaux où l'on en mettoit trois & quatre rangs.

On observe aussi de ranger tout autour des briques cuites, dans la partie
qui excéde les murs que l'on crépit avec de la terre à briques, & contre laquelle on met du sable ; on bouche ensuite la porte du Fourneau avec un ou
même deux rangs de ces briques posées aussi de champ sur toute la hauteur ;
entre cette espece de mur & les briques intérieures, on laisse un intervalle
de huit à dix pouces que l'on remplit de sable ; il sert ici à concentrer la chaleur de façon qu'elle ne puisse pas s'échapper par leurs jointures ; lorsqu'il est
achevé jusqu'au cintre de la porte, on met des plateaux droits contre sa sur-
face extérieure, & une piece de bois en arcboutant pour servir d'étais.

Le Fourneau étant rempli, comme il vient d'être dit, on introduit dans
les foyers une quantité suffisante de tourbes, que l'on allume par les six trous
d'un des côtés du four, après avoir auparavant bouché les six autres qui leur
sont opposés avec des portes maçonnées en briques & jointes ensemble sur
leur champ.

On continue à chauffer par ces six premiers trous pendant vingt-quatre
heures, en observant dans les commencements de ménager la chaleur comme cela se fait par-tout ; environ toutes les deux heures, on remet de nou-
velles tourbes dans les foyers ; l'habitude fait que le Cuiseur les jette très-
adroitement par ces petites embouchures, & aussi avant qu'il le juge nécessaire ; lorsqu'il a chauffé d'un côté, il en bouche exactement les ouvertures,
& ouvre celles qui leur sont opposées pour en faire de même pendant vingt-
quatre heures, ce qu'il répete alternativement trois à quatre semaines de sui-
te, temps nécessaire pour cuire les grandes briques ; il y a pourtant de ces
Fourneaux où le feu (à ce que l'on assure) doit être entretenu pendant
cinq ou six semaines, ce qui dépend de leur grandeur & du temps qu'il fait :
on nous a dit près de *Moor* que quinze ou vingt jours suffisoient pour les
petites briques.

BRIQ. HOLL. R

Après qu'on a cessé de chauffer, il faut encore trois semaines pour les laisser refroidir, avant que de les retirer du Fourneau ; il arrive ordinairement que la masse de briques s'affaisse dans différents endroits, ce qui provient sans doute de la diminution de volume qu'elles éprouvent en cuisant, & de ce que quelques-unes ont fondu ensemble pour avoir souffert trop de chaleur.

On retire différentes qualités de Briques de la même cuite. La qualité des briques que l'on retire de ces Fourneaux, diffère en raison du degré de cuisson qu'elles ont acquis : par exemple, celles qui occupent le tiers du milieu de leur hauteur, sont les plus estimées, elles sont noires, très-sonores, compactes & point déformées ; elles présentent dans leur cassure le coup-d'œil d'une matiere vitrifiée ; les briques de cette espece & des dimensions citées ci-dessus sont employées communément à construire les cîternes & les caves ; elles se vendent vingt-deux à vingt-quatre florins le millier, ce qui fait environ 47 liv. 10 s. à 52 liv. de France, tandis qu'il y en a d'autres provenantes de la même cuite qui ont des valeurs bien inférieures ; car le prix en diminue jusqu'à trois florins le millier. Quant au prix de celles qui se fabriquent près de *Moor*, le plus haut est de sept, & le plus bas de deux florins le millier.

Tous les Ouvriers en général sont à forfait suivant le genre de leur travail, de façon qu'ils peuvent gagner chacun vingt-deux sols de Hollande par jour, plus ou moins, faisant, argent de France, 47 à 48 sols ; à l'égard des enfans qui y sont employés, ils gagnent moins en proportion de leur âge.

Tourbes. Leur qualité. Les tourbes dont on fait usage pour cette opération, se tirent de la Province de *Frise* ; elles sont plus grandes & plus légeres que celles de Hollande, moins compactes & paroissent être moins terreuses ; elles sont composées de plantes & de racines plus grosses que les autres ; par cette raison elles brûlent plus promptement & donnent de la flamme, au lieu que celles de Hollande n'en donnent presque pas, sur-tout lorsqu'elles sont agitées par l'air extérieur qui entre par les embouchures des foyers ; ces tourbes laissent très-peu de cendres après elles, de sorte que quoiqu'il n'y ait point de cendriers, elles ne gênent aucunement.

Fabrique de Tuiles & Carreaux.

Dans une des Tuileries près la Ville d'*Utrecht*, on fabrique trois especes de tuiles ; des plattes, des creuses, mais en plus grande quantité de celles formées en *S*, comme on peut le voir par la Figure 18 de la Planche I de l'Art du Tuilier & du Briquetier ; on en fait aussi de ces dernieres, dans le milieu desquelles on laisse une ouverture quarrée & cintrée dans le haut pour pouvoir y fixer un verre de vitre ; celles-ci servent à éclairer des bâtiments qui ne prennent du jour que par le toît.

On en fabrique de rouges, de grifes, & d'autres verniffées feulement d'un côté.

Quant aux carreaux dont les dimenfions font de huit pouces en quarré fur un pouce d'épaiffeur, & qui fervent à paver les cîternes & les fours de Boulanger, on en fait également des rouges & des gris ; nous expliquerons d'où vient cette différence, ou plutôt comment on leur donne la couleur.

La terre deftinée à fabriquer les tuiles & les carreaux, fe prépare avec beaucoup plus de précautions que celle que l'on emploie à former les briques. *Comment on prépare la terre.*

On la broye dans un moulin qui confifte en une efpece de tonneau immobile, dont le diametre nous a paru de deux pieds ½, & fa hauteur ou profondeur de quatre pieds ; il y a un axe de fer placé verticalement dans fon milieu, duquel il part à différentes hauteurs des branches de bois, formant des rayons qui vont répondre tous à des points différents de la circonférence du tonneau ; ces branches font armées chacune de fix couteaux, dont trois fixés de haut en bas & trois de bas en haut : ainfi ils font dans une pofition parallele à l'axe ; ceux qui font à l'extrémité des rayons ne laiffent pas plus d'une ligne d'intervalle entre le couteau & les parois intérieures du tonneau ; cet axe eft tourné par un bras de levier d'environ douze pieds de longueur, à l'extrémité duquel eft attellé un cheval qui en marchant dans le manége, fait agir tous les couteaux dont il eft armé, & coupe ainfi, en différents fens, la terre que l'on a mife dans le moulin, déja imbibée d'eau, & telle qu'on l'apporte à la Tuilerie ; de cette façon tous les filaments, herbes & racines qui fe trouvent dans la terre s'attachent aux couteaux, que l'on a foin de nettoyer de temps en temps ; au bas du tonneau, on a laiffé une ouverture par où la terre tombe par fon propre poids ; fi on ne la juge pas affez broyée, on lui fait fubir de nouveau la même opération.

Cette terre, au fortir du moulin, eft mife à côté fous le même hangar ; elle eft alors d'une confiftance pareille à celle de la terre dont on fait la poterie.

Lorfqu'on veut fabriquer des tuiles, une femme prend un paquet de cette terre, le met fur une table faupoudrée de fable, & le pêtrit en roulant comme fi c'étoit de la pâte ; elle étend enfuite cette terre fans chercher à la rendre unie, mais feulement à lui donner à peu près l'épaiffeur que doit avoir chaque tuile ; elle jette un peu de fable par deffus, & la divife en quatre à fix pieces deftinées chacune à donner une tuile ; elle entaffe toutes ces pieces à côté d'elle, auffi-tôt un Ouvrier en charge fa brouette & les porte aux Mouleurs ; deux fuffifent pour cette manœuvre, & font placés avec leur table entre deux étageres ; l'un d'eux a un chaffis de bois dans lequel il met chacune des pieces ci-deffus, la preffe dedans, pour qu'elle en rempliffe tout le vuide, en coupe l'excédent, & avec de l'eau & la *plane* il la rend fort unie ; il la tranfporte enfuite fur un moule de bois qu'a le fecond Ouvrier, *Comment on forme les Tuiles.*

dont la forme eſt en *S* , telle que celle que doit prendre la tuile, & dans le haut duquel on a creuſé une entaille pour former le crochet; l'Ouvrier avec ſon pouce y fait entrer la terre & remplace auſſi-tôt avec un morceau de la nouvelle, le vuide qu'il y a fait; il prend alors un morceau de bois arrondi, qu'il place dans la concavité de la tuile , tourne ſon moule par-deſſus, & la porte ainſi de la main droite ſur une planche de l'étagere qui eſt à côté de lui ; en même temps avec la gauche, il prend une petite palette de bois qu'il appuye deſſus, afin qu'elle puiſſe mieux ſe ſéparer & conſerver ſa forme lorſqu'il retire le morceau de bois; ils continuent l'un & l'autre de la même maniere , & vont fort vîte ; c'eſt ſur ces étageres que l'on fait ſécher les tuiles à l'ombre, juſqu'à ce qu'elles aient pris une conſiſtance ferme & ſolide ; on acheve de les faire ſécher au ſoleil.

Les carreaux ſont faits avec la même terre lorſqu'elle a été paſſée au moulin ; des Ouvriers la mettent dans un chaſſis au moins d'un pouce plus grand que ne doivent l'être les carreaux & un peu plus épais ; ils les moulent de la même maniere que les briques , & les rangent de champ ſous un hangar, pour commencer à les faire ſécher ; dès qu'ils le ſont au point que le doigt peut à peine y faire impreſſion, on les porte à un Ouvrier qui eſt occupé à les perfectionner : cela ſe pratique comme il ſuit. Il prend un de ces carreaux , & le met ſur une table fort unie, & ſur laquelle il a auparavant répandu un peu de ſable ; & avec une maſſe de bois platte & plus large que n'eſt le carreau, il frappe deſſus afin de le comprimer & d'en rendre les grandes ſurfaces égales ; deux ou trois coups ſuffiſent pour cela ; il applique enſuite par-deſſus un morceau de planche quarrée, revêtu de fer autour de ſon épaiſſeur , & dont les dimenſions ſont les mêmes que celles que doivent avoir les carreaux ; on y a auſſi fixé à diſtances égales quatre petites pointes ſaillantes qui ſervent à le tenir ſolidement, de façon qu'il ne puiſſe pas varier ni d'un côté ni de l'autre ; cet Ouvrier auſſi-tôt, avec un tranchoir ſemblable à celui d'un Cordonnier, coupe tout autour la terre qui excede ; il a ſoin de tremper à chaque fois dans l'eau le morceau de planche que l'on peut ici nommer *Forme* , pour qu'elle ne s'attache pas au carreau , & qu'elle en rende la ſurface plus unie.

La maniere de faire ſécher les carreaux eſt la même que celle dont on ſe ſert pour les tuiles ; on obſerve de laiſſer un intervalle entre eux , en les plaçant diagonalement de champ, & un peu inclinés.

De la façon de faire cuire les Tuiles & les Carreaux avec la Tourbe.

 Le Fourneau deſtiné à faire cuire les tuiles & les carreaux eſt renfermé dans un bâtiment; il peut avoir intérieurement ſeize pieds de long, ſur dix pieds de large & autant de hauteur ; ce ſont quatre murs de quatre pieds ½ à

cinq

cinq pieds d'épaisseur liés tout autour avec de grosses pieces de bois assemblées pour en former un quadre ; ceux qui ont les plus grandes faces sont percés chacun de quatre trous qui se correspondent entre eux comme dans les fours à briques : mais ils different beaucoup quant à l'intérieur, puisqu'on y a construit des arcades maçonnées en briques, lesquelles forment les canaux de communication qui servent de foyers ; ces arcades nous ont paru avoir deux pieds ÷ de largeur dans le bas sur quinze pouces de hauteur, lesquelles dimensions diminuent insensiblement dans l'épaisseur des murs, & ne laissent d'ouverture extérieure aux foyers que dix pouces sur huit à neuf de haut jusqu'au sommet de l'arc.

A l'égard du reste de l'intérieur du four, on le concevra aisément en consultant la Figure II, Planche troisieme de l'Art du Tuilier & du Briquetier ; mais le gril ne doit point être carrelé, on le laisse tel qu'il est représenté au-dessous de *B* même Figure ; ce four est couvert au-dessus par une voûte de brique percée de trous de différentes grandeurs : cette partie supérieure ressemble beaucoup à celle des fours de la Manufacture de Terre d'Angleterre du Pont-au-Choux à Paris.

Il résulte de ce que nous venons de dire que les fours de la Hollande ne different essentiellement de ceux de France, que par les foyers ; on en sentira de reste la conséquence, si l'on fait attention aux matieres combustibles dont on fait usage dans l'un & l'autre Pays ; la tourbe donne beaucoup moins de fumée & de flamme que le bois, par conséquent il vaut mieux multiplier les foyers & les faire moins élevés, la chaleur que donne la tourbe, n'ayant de vivacité qu'autant qu'elle est bien concentrée.

Au milieu d'un des murs de largeur du Fourneau, on a pratiqué une porte du haut en bas, qui sert à y introduire & à en retirer les tuiles & les carreaux.

Dans le temps que nous avons visité cette fabrique, le Four étoit rempli de l'un & l'autre ; les tuiles étoient placées verticalement dans le four, ne laissant entre elles d'autre intervalle que celui que forme le crochet, & les carreaux rangés par-dessus, diagonalement & de champ les uns sur les autres. Pour fermer le four, on bouche exactement la porte avec plusieurs rangs de briques que l'on crêpit en dehors. On fait un grand feu de tourbes dans les quatre foyers ; & on l'entretient, à ce que l'on nous a dit, sans discontinuation pendant quarante heures, temps qu'il faut pour les cuire ; on le laisse ensuite refroidir, & on en retire les tuiles & carreaux trois jours après ; sa contenue est de quinze à seize milliers : elles sortent alors du Fourneau comme les tuiles ordinaires ; mais lorsqu'on veut leur donner une couleur d'un gris de fer, cela se fait par la fumigation de la maniere suivante.

Comment on
arrange les Tuiles
& les Carreaux
dans le Fourneau.

Quand on juge que les unes ou les autres sont assez cuites, & qu'elles sont encore toutes rouges, on introduit dans chaque foyer une quantité de petits

Comment on
leur donne une
couleur grise.

BRIQ. HOLL. C

Ou ne, Vergque l'on nomine plus communément Aune. fagots de bois de Verne * verd , & avec fes feuilles , & l'on en bouche très-exactement les huit ouvertures avec des briques , de la terre & des planches pour les foutenir ; quant à la partie fupérieure , c'eft-à-dire , la voûte du four-neau , on met un carreau fur chacun de fes trous , & l'on en couvre toute la furface avec quatre à cinq pouces de fable , fur lequel on jette beaucoup d'eau , afin que la fumée renfermée dans le four ne puiffe s'échapper par aucun endroit ; c'eft à cette fumée qu'eft dûe la couleur grife que prennent les tuiles & les carreaux, non-feulement à leur furface , mais encore dans leur intérieur.

On laiffe ainfi le fourneau fermé pendant huit jours : après ce temps on ôte tout le fable qui eft par-deffus, & l'on ouvre les foupiraux & la porte ; on débouche auffi toutes les ouvertures des foyers , & l'on retire de deffous le bois des fagots que l'on y avoit introduit, qui eft pour lors converti en très-bon charbon ; ce n'eft encore qu'au bout de quarante-huit heures après , que le four eft affez froid pour pouvoir en fortir les tuiles & les carreaux qu'il renfermoit , & le charger de nouveau.

A l'égard des tuiles verniffées , cela fe pratique comme par-tout ailleurs.

Fait à Utrecht le 2 Août 1766.

EXPLICATION

Du Deffein d'un Fourneau à cuire les Briques par le moyen de la Tourbe.

PLAN.

A , B , C , D , Plan du fourneau un peu au-deffus du fol , lequel eft pavé de briques placées de champ.

E , Porte du four par où l'on introduit les briques , & par où on les en retire lorfqu'elles font cuites.

F , douze Ouvertures ménagées dans l'épaiffeur des murs pour fermer les fix canaux *H* , qui fervent de foyers.

Coupe fur la Ligne A , B.

A , B , Sol du fourneau pavé de briques placées de champ.

C , Porte du four.

D , Les fix ouvertures faites dans l'épaiffeur des murs qui fervent de por-tes aux foyers.

E , Façon dont on range les briques fur les canaux *H* du plan, pour y former les foyers.

F, G, Ligne ponctuée pour défigner que l'on remplit le fourneau juſqu'à cette hauteur , & même quelquefois au-deſſus.

H, Recoupe faite dans l'intérieur des murs.

I, Trois marches d'eſcalier pour monter ſur le fourneau, lorſqu'on eſt parvenu en *K* , à l'aide d'une échelle.

Fin de l'Art de fabriquer la Brique & la Tuile en Hollande.

De l'Imprimerie de L. F. DELATOUR. 1767.

Coupe sur la Ligne AB.

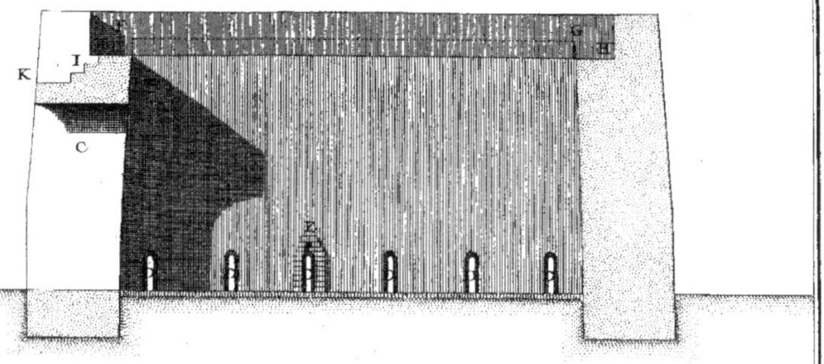

Echelle de 6 12 18 24 *Pieds*

Plan

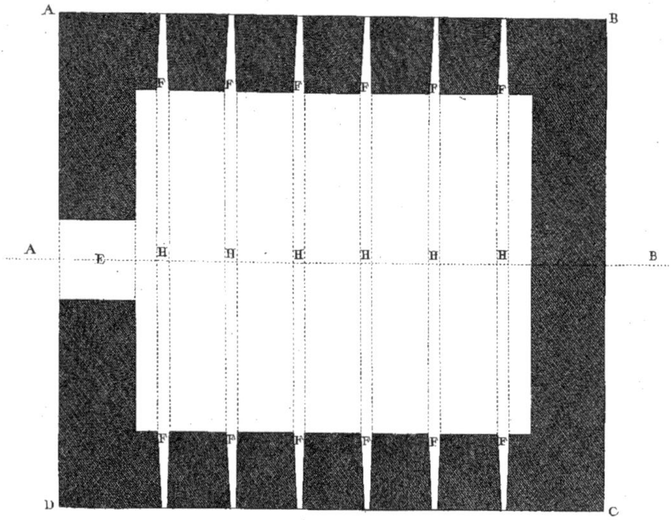

www.ingramcontent.com/pod-product-compliance
Ingram Content Group UK Ltd.
Pitfield, Milton Keynes, MK11 3LW, UK
UKHW021016220726
13924UKWH00001B/16